INDEMNITÉ

A ACCORDER

AUX ÉMIGRÉS.

EXPOSÉ DES MOTIFS DU PROJET DE LOI CONCERNANT L'INDEMNITÉ AUX FAMILLES FRANÇAISES DÉPOSSÉDÉES PAR LES LOIS DE CONFISCATION RENDUES CONTRE LES ÉMIGRÉS.

PROJET DE LOI SUR L'INDEMNITÉ A ALLOUER AUX ANCIENS PROPRIÉTAIRES DE BIENS-FONDS CONFISQUÉS ET VENDUS AU PROFIT DE L'ÉTAT EN EXÉCUTION DES LOIS SUR LES ÉMIGRÉS.

☞ On publiera successivement et par cahiers détachés les discours et tout ce qui sera relatif à cette loi.

PARIS,

A. ÉGRON, IMPRIMEUR-LIBRAIRE,

RUE DES NOYERS, N° 37.

JANVIER 1825.

EXPOSÉ

DES MOTIFS DU PROJET DE LOI CONCERNANT L'INDEMNITÉ AUX FAMILLES FRANÇAISES DÉPOSSÉDÉES PAR LES LOIS DE CONFISCATION RENDUES CONTRE LES ÉMIGRÉS.

MESSIEURS,

Le Roi nous a ordonné de vous apporter un projet de loi tendant à accorder une indemnité aux anciens propriétaires des biens-fonds confisqués et vendus au profit de l'Etat, dans les temps de nos discordes civiles.

Les motifs qui ont déterminé le Roi à vous proposer ce grand acte de justice et de sagesse n'ont pas besoin d'être longuement développés devant vous. Lorsque les tempêtes politiques sont calmées, lorsque le règne des passions et des partis est arrivé à son terme, la raison et la vérité se font entendre d'elles-mêmes. Ce qui est généreux et juste, ce qui est utile et bon, se manifeste à tous les esprits, se fait entendre à tous les cœurs, et ne veut plus être ni justifié ni expliqué.

Vous le savez, Messieurs, à cette époque de douloureuse mémoire qui sépara la famille de nos rois de la terre de la France, le cœur des hommes de bien fut incertain et partagé. Les uns jugèrent que la prudence, les intérêts du trône et du pays, les attachaient au sol brûlant, mais toujours cher, de la patrie; d'autres virent l'honneur sur la terre étrangère où une royale infortune avait cherché un asile, et où la fidélité leur sembla devoir suivre le malheur. Un grand nombre de Français quittèrent alors leur pays, déjà menacé de tous les maux que traîne après soi l'anarchie.

A Dieu ne plaise que nous retracions ici les sinistres événemens qui ont marqué ces temps de trouble et de désordre dont tous nos efforts doivent tendre à effacer le souvenir!

Nous ne rappellerons de tant de maux que ceux que la justice et la prudence ordonnent de réparer, et qui ne peuvent être oubliés qu'à ce prix.

Des actes sévères et menaçans rappelèrent en France ceux qui s'en étaient éloignés ; un refus que tout le monde comprend aujourd'hui, attira sur eux des lois de vengeance et de fureur, l'exil eternel ou la mort.

Ces lois ne suffirent pas ; il fallut chercher un moyen de frapper à la fois et les absens et leurs familles. L'esprit de haine le trouva ; leurs pro-

priétés furent successivement séquestrées, con-
fisquées et mises en vente. Des lois nombreuses
ordonnèrent, ordonnèrent encore, pressèrent de
toute la puissance de la force et de la terreur,
une expropriation trouvée trop lente.

Les biens des émigrés furent divisés, subdivisés
et vendus.

Plusieurs années s'écoulèrent.

Lorsque les événemens eurent changé la situation des émigrés, et leur eurent permis de revoir
la France, un nombre assez considérable d'entre
eux y revinrent, et quelques-uns obtinrent la
restitution de celles de leurs propriétés qui étaient
restées au pouvoir de l'Etat.

Les choses étaient dans cette situation, lorsque
Louis XVIII remonta sur le trône de ses aïeux.

L'un des premiers désirs de son cœur fut sans
doute de secourir ceux dont l'honorable détresse
se rattachait à ses propres malheurs ; mais le premier besoin de sa sagesse fut d'assurer la paix publique dans le royaume qui lui était rendu. Vingt-
cinq années avaient passé sur la France, et la
profonde trace de leur passage se rencontrait à
chaque pas.

La Charte, gage de sécurité, monument de
modération, déclara toutes les propriétés inviolables, et comprit expressément dans cette inviolabilité celles qu'on appelait *nationales*.

Elle proclama qu'entre les propriétés, la loi n'admettait aucune différence; et vous savez, Messieurs, si cette déclaration du monarque législateur a été respectée en France.

Cependant, ces familles dépossédées pendant une absence aujourd'hui si hautement légitimée, dépouillées à leur retour de toute espérance de restitution, avaient, à la bienveillance du Roi et à la justice du pays, des droits qui ne pouvaient pas être méconnus. Leur champ, leur maison, l'héritage de leur famille, avaient été confisqués et vendus au profit de l'Etat.

Auprès d'une nation généreuse et loyale, c'était là comme une sorte de créance qui ne devait pas être contestée.

Une indemnité devait donc être la suite de l'inviolabilité des contrats passés sous l'empire des confiscations.

Tous les cœurs le sentirent : mais le soin d'exprimer le premier ces nobles sentimens appartenait à l'un des plus illustres chefs de cette armée qui fut un temps la consolation et toujours la gloire de notre patrie. La France conservera le souvenir de l'appel fait à sa loyauté par un noble pair, dès les premiers mois qui suivirent la restauration du trône légitime.

D'autres obligations, d'autres besoins, forcèrent d'ajourner l'exécution d'une mesure dont les esprits droits et les âmes généreuses sentirent dès-lors la convenance et la nécessité.

La Charte avait dit aussi :

« La dette publique est garantie, et toute es-pèce d'engagemens pris par l'Etat avec des créan-ciers est inviolable. »

Il fallait accomplir cette grande et solennelle promesse, et jeter ainsi par un haut témoignage de respect pour tous les engagemens contractés au nom de l'Etat les vrais fondemens de la for-tune publique.

On se contenta donc d'étendre à toutes les fa-milles des émigrés les remises faites à quelques-unes de leurs biens non vendus, et de leur faire l'abandon des portions des prix de vente qui n'é-taient pas encore rentrées dans les caisses du do-maine. Telles furent les dispositions de la loi du 5 décembre 1814.

Bientôt des malheurs nouveaux vinrent as-saillir la France. Les charges d'une longue occu-pation se joignirent aux charges déjà existantes. Le Roi et la France s'entendirent encore pour les acquitter. Le temps, les ressources de notre pays, l'esprit de justice et de loyauté qui anime les habitans, et le crédit qui naît de la confiance et qui la soutient, en donnèrent l'heureuse pos-sibilité.

Déjà Louis XVIII s'occupait de proposer aux

Chambres les moyens de sceller par un acte réparateur une réconciliation générale; déjà des réserves étaient préparées, lorsque les périls dont se vit menacé le roi d'Espagne et la sûreté de nos frontières, nous imposèrent de nouveaux sacrifices. La guerre faite à la révolution espagnole retarda encore l'accomplissement d'un projet dès long-temps conçu par la royale sagesse. Il vous en souvient, Messieurs, à l'ouverture de la dernière session, ce Roi juste et bienfaisant, dont vous ne deviez plus entendre la voix paternelle, vous exprima son désir de fermer les dernières plaies de la révolution. Vos âmes comprirent aisément la sienne, et vos vœux appliquèrent ces consolantes paroles à la fidélité malheureuse et dépouillée.

Le moment est enfin venu où ce désir peut être satisfait, où cet acte d'une haute et saine politique peut être accompli. La libération de l'arriéré, l'heureux état de nos finances, la puissance toujours croissante de notre crédit, la bonne et sûre intelligence qui règne entre le Roi et les autres gouvernemens, permettent enfin de sonder cette plaie que la restauration a laissée saignante, et qui porte sur le corps entier, quoiqu'elle paraisse n'affecter qu'une de ses parties.

Le temps est arrivé où il est possible de dire à ceux qu'on a dépouillés de leur héritage, et qui ont supporté ce malheur avec une si constante résignation : « l'Etat vous a privés de vos biens; il en a transmis la propriété à d'autres dans des temps de trouble et de désordre. L'Etat, rendu à la paix et à la légitimité, vient vous offrir le dédommagement qui est en son pouvoir : recevez-le, et que la funeste trace des confiscations et des haines s'efface et disparaisse pour jamais.»

Tel est, Messieurs, le grand et légitime but du projet de loi que le Roi nous a ordonné de vous présenter.

Proclamé par la justice, sanctionné par l'intérêt général, le principe sur lequel ce projet repose a quelque chose de noble, de vrai, de satisfaisant qui semble de nature à concilier tous les esprits, et qui n'a besoin que d'être énoncé.

De tous les droits dont la société promet et doit la conservation, le droit de propriété est sans doute le plus sacré, celui auquel se rattache le plus fortement la garantie des actes.

De toutes les peines que peuvent prononcer les lois et que doit appliquer la justice humaine, la plus cruelle c'est la confiscation de tous les biens; châtiment odieux qui frappe le condamné jusque dans sa postérité, et par qui l'Etat s'enrichit des dépouilles de ceux qu'il a privés de leur père.

En 1790, elle fut abolie par un décret solennel, au nom de la justice et de l'humanité; et, peu de mois après, elle fut rétablie au nom de la vengeance et de la haine.

Et comment le fut-elle?

Par une mesure générale prononcée ét appliquée par la loi elle-même, et qui enveloppa toutes les familles de ceux que leurs devoirs et leurs dangers avaient contraints à fuir leur patrie. Elle ne se borna pas cette fois à dépouiller les enfans, elle remonta pour frapper; et, héritière anticipée, elle alla saisir la part promise par la nature au fils émigré jusque dans les mains du père vivant.

Ces lois funestes ont disparu; la confiscation judiciaire elle-même a été effacée de nos Codes, où elle avait été replacée. Le Roi l'a abolie à son retour, et sa sagesse éclairée, luttant d'avance contre les fautes de l'avenir, a déclaré qu'elle ne pourrait être rétablie.

Ces dispositions bienfaisantes n'ont pu rétro-agir; elles n'ont pu franchir l'intervalle qui sépare le mois de mai 1814 du mois de janvier 1790, pour rejoindre ainsi l'un des premiers bienfaits de Louis XVIII à l'un des derniers bienfaits de Louis XVI.

Des transactions nombreuses avaient été passées sous l'empire des lois abolies. La prudence du monarque pacificateur les a maintenues. La

Charte, qui a prêté à ces transactions l'appui de l'autorité souveraine et légitime, les a déclarées inviolables. Un respect entier, profond, sans réserve, est dû à cette auguste sanction.

Mais quand le respect pour le droit de propriété, quand l'obligation de réparer le dommage injustement souffert, ne seraient pas directs aussi dans les lois de tous les peuples, il est dans les consciences quelque chose de plus fort que les lois elles-mêmes, qui avertirait que l'Etat, au nom duquel ces confiscations et ces ventes ont été faites; que l'Etat, qui a reçu le prix, qui en a joui trente années, doit un dédommagement à ceux qui furent aussi violemment dépossédés.

Quelques voix cependant s'élèvent pour repousser cette réparation, que de si grands intérêts réclament.

On a demandé pourquoi les pertes dont l'émigration a été la cause seraient les seules pour lesquelles un dédommagement serait jugé nécessaire? pourquoi les malheurs de ce genre seraient considérés comme la seule plaie qu'il fût juste et humain de cicatriser?

« La réduction de la dette publique, a-t-on dit, a privé les créanciers de l'Etat des deux tiers de leur créance. Le *maximum*, les assignats, les désastres de la guerre ont frappé de nombreuses familles. Pourquoi tous ceux qui ont été ainsi dé-

pouillés n'auraient-ils pas des droits à une réparation qu'on ne veut accorder qu'à quelques malheurs et à quelques victimes ? Il y a impossibilité
de réparer toutes les pertes ; et il y aurait injustice à n'en réparer que quelques-unes. »

Vous avez déjà, Messieurs, pressenti la réponse.

Sans doute la révolution a produit des maux
de toute espèce ; on trouve des malheurs partout
où l'on reconnaît la trace de ses fureurs ou de ses
folies.

Sans doute il faut renoncer à guérir tant de
maux divers. Les richesses de la France rendues
à l'ordre et à la légitimité, ne suffiraient pas pour
réparer les pertes qu'avait subies la France ap-
pauvrie par l'anarchie et la licence.

Mais, si parmi ces maux que la révolution a
faits, il en est que la justice signale comme les
plus graves et les plus odieux, et la raison comme
les plus funestes ; s'il en est dont l'origine soit un
attentat aux droits les plus saints, et la trace
comme une cause toujours subsistante de division
et de haine, l'impuissance où nous serions de
guérir tous les autres, doit-elle nous empêcher
de porter à ceux-là un remède qui serait en notre
pouvoir ?

Les émigrés ont tout perdu à-la-fois. Tous les
maux qui ont pesé sur la France, les ont frappés, et ils ont souffert en outre des malheurs

plus graves encore et qui n'ont été réservés que pour eux.

Les créanciers de l'Etat, victimes d'une coupable infidélité, ont perdu les deux tiers de leurs créances; mais ils en ont conservé une partie, et la funeste mesure qui les a dépouillés de l'autre, leur a du moins laissé leurs autres propriétés.

Le *maximum*, les assignats ont altéré et détruit au préjudice des négocians et capitalistes, les valeurs qu'ils avaient dans leurs mains; mais ils n'ont porté aucune atteinte à leur fortune immobilière.

Ceux qui ont souffert des maux de la guerre, ont vu dévaster leurs champs et leur asile; mais le sol du moins leur est resté.

Les lois sur les émigrés leur ont tout ravi aussi; leurs créances, leurs meubles, leurs revenus; mais de plus ces lois cruelles les ont privés et les ont privés seuls de leurs champs, de leurs maisons, de la partie de ce sol natal pour la conservation de laquelle le propriétaire a droit de demander à la société protection et garantie.

C'est pour ce dernier malheur qu'une réparation est demandée. Celui-là sort de la classe commune; aucun autre ne peut lui être comparé: s'il n'est qu'une classe de victimes à qui une réparation puisse être accordée, c'est à celle qui l'ont souffert que la justice le doit.

Et si ce n'était pas à cause de l'étendue de la perte, Messieurs, ce devrait être à cause de son origine et de sa nature.

L'acte qui les a dépouillés, ce ne fut pas cette confiscation que des lois criminelles prononçaient pour l'avenir contre un crime qu'elles signalent et qui est destiné à être appliqué par les tribunaux ; odieuse parce qu'elle frappe au-delà du coupable, une pareille disposition offre du moins quelque garantie dans l'impartialité du juge qui doit l'infliger.

La confiscation lancée contre les émigrés ne fut pas une peine établie, mais une vengeance exercée. Ce fut la confiscation en masse, cette confiscation qui marche à la suite des proscriptions, celle qui fut jetée dans Rome par Sylla, et que la puissance de la force prononce contre tous ceux que poursuit son ressentiment.

Ces lois violentes, ces lois de colère qui portent atteinte soit à l'existence, soit à la propriété d'une masse entière de citoyens, sont de grandes calamités par lesquelles tous les fondemens de la société sont ébranlés. Dès l'instant où la terre du plus faible peut passer par un acte d'autorité au pouvoir du plus fort, il n'y a plus ni garantie, ni sécurité, et le lien social est brisé.

De tels actes sont des abus de la force qu'aucun exemple ne peut justifier, et contre lesquels les amis de l'ordre, les écrivains courageux, les publicistes renommés ont dans tous les temps élevé la voix.

Il importe qu'un exemple mémorable et utile pour tous exprime que les grandes injustices doivent avec le temps obtenir de grandes réparations.

Cet exemple, c'est à la France qu'il appartient de le donner. C'est sous l'empire d'un Roi protecteur de tous les droits ; c'est sous l'influence d'une Charte éminemment conservatrice, qu'il doit être offert avec franchise et loyauté comme un gage de plus, comme une garantie nouvelle.

Ainsi, Messieurs, le dédommagement qui ne peut être accordé pour toutes les pertes doit l'être pour les suites de la confiscation prononcée contre les émigrés ; d'abord parce que les pertes des émigrés ont été entières, et que celles des autres n'ont été que partielles. J'insiste, parce qu'il y a dans la violence qui les a dépouillés de leurs biens, quelque chose d'odieux et de dangereux qui demande, qui exige une réparation.

Mais ce n'est pas tout ; et des motifs d'une autre nature indiquent assez hautement que les maux pour lesquels un remède se prépare, ne peuvent être confondus avec les autres, et que les plus grands intérêts, les intérêts de tous, sont attachés à leur guérison.

Qui ne sent comme nous, Messieurs, le besoin d'effacer sur de nombreuses portions de notre terre, la trace des confiscations ? Qui ne sent surtout le besoin d'éteindre sans retour les divisions et les haines, et qui pourrait nier qu'une grande mesure qui atteindrait ce double but ne fût un véritable bienfait pour la France entière ?

Cette mesure, c'est celle que nous vous proposons.

Malgré la sécurité profonde où sont, où doivent être les nouveaux propriétaires, malgré l'irrévocable sanction accordée à leurs titres, l'opinion publique, il faut bien le dire, persiste à reconnaître encore la ligne que la loi a effacée.

Les biens confisqués sur les émigrés trouvent difficilement des acquéreurs, et leur valeur dans le commerce n'est point en proportion avec leur valeur matérielle.

L'indemnité allouée aux anciens possesseurs, peut seule rendre commun à l'opinion le langage de la Charte, et ce n'est que par elle que peut disparaître la différence qui existe encore entre les propriétés du même sol.

Par ce moyen, la réparation proposée profitera à l'Etat, en rendant des fonds devenus stériles pour lui à une circulation productive ; mais elle lui profitera bien plus et bien mieux encore en affermissant l'union et la paix, source première de toutes les prospérités.

Quelle que soit l'admirable résignation avec laquelle les anciens propriétaires ont supporté leur sort, il y a, dans ce rapprochement continuel de l'homme dépouillé de l'objet matériel dont il a été privé, et du possesseur actuel, une action constante qui ne permet pas au souvenir de s'effacer, et aux passions de s'éteindre. C'est le frottement qui entretient et qui ranime les plaies.

Sans doute, ceux que la révolution a frappés dans leurs créances, dans leur état, dans leur fortune mobilière, ceux qui ont souffert du fléau de la guerre, conserveront de tant de pertes un souvenir pénible et douloureux ; mais le ressentiment qu'ils éprouvent n'a pas au moins d'objet particulier et présent. C'est la loi, c'est l'Etat, c'est la guerre qu'ils accusent ; leurs malheurs n'ont pas laissé, dans des mains étrangères, des monumens toujours subsistans destinés à frapper constamment leur vue, et à servir comme de plaintes continuelles et de reproches éternels.

De pareils souvenirs s'effacent ; mais la confiscation immobilière n'est pas une de ces calamités dont la trace soit fugitive. Elle produit un souvenir vif et profond, sans cesse présent, sans cesse renouvelé, qui s'identifie avec le sol, qui se perpétue avec lui, et qui, pour avoir sommeillé quelque temps, n'en est pas moins toujours prêt à se ranimer.

D'autres terres sont encore, après des siècles, sillonnées par un volcan.

Le Roi demande votre secours, Messieurs, pour les éteindre dans notre patrie, et déjà vos vœux sont allés au-devant des siens.

Nous, vous proposons donc de reconnaître qu'une indemnité doit être allouée aux familles françaises, au préjudice desquelles les biens-fonds, situés en France, ont été confisqués et vendus en vertu des lois sur les émigrés.

Le capital de cette indemnité doit représenter une valeur à peu près égale à celle qu'elle est destinée à remplacer.

Une indemnité fractionnelle, un simple secours accordé au malheur, n'atteindrait pas le but que le Roi se propose, et vers lequel doivent tendre vos efforts. L'empreinte de la confiscation resterait toujours sur les biens vendus. Les anciens propriétaires seraient encore dépouillés, et les deux classes de propriétés ne verraient pas s'opérer la fusion conciliatrice.

Il faut donc que le capital de l'indemnité représente approximativement le capital de la valeur perdue. D'accord sur le premier point, on doit l'être aisément sur celui-ci.

Les véritables difficultés commencent à l'exécution de la mesure.

Pour déterminer le montant de l'indemnité, la première obligation était de connaître la valeur des propriétés vendues, et rien ne peut offrir plus d'embarras à l'esprit, que l'adoption d'une base pour cette appréciation.

Il était impossible de la chercher dans les impositions actuelles; d'une part, l'état des choses a subi, dans un intervalle de trente années, des modifications telles que la valeur d'aujourd'hui n'est plus en rapport avec celle d'autrefois; des édifices ont été détruits ou élevés, des bois ont été défrichés ou plantés et accrus, des terrains incultes ont été mis en rapport; d'autre part, quelques fonds possédés par divers propriétaires, ont été acquis par fractions, et réunis dans une seule exploitation. D'autres, au contraire, ont subi des divisions différentes. Il serait impossible, et nous en avons acquis la certitude, de trouver l'application des articles compris dans le rôle actuel des contributions, aux lots vendus depuis trente années.

La plus grande partie de ces inconvéniens se retrouverait dans l'estimation à faire actuellement par experts, et cette mesure en offrirait d'autres d'une nature plus grave. Les visites et les expertises placeraient les nouveaux propriétaires en contact nécessaire et prolongé avec les anciens, et ne conduiraient qu'à des résultats vagues, arbitraires, appuyés sur des souvenirs et des conjectures. Elle mettrait ainsi aux prises les intérêts et les passions, sans aucune utilité pour la justice et pour la vérité.

Ce n'est pas tout. Le Gouvernement, en venant proposer aux Chambres une grande mesure qui exige un grand sacrifice, ne peut se présenter à elles qu'avec des documens qui leur permettent d'en déterminer l' tendue. Notre premier devoir était de vous les faire connaître ; et ce devoir ne pouvait être rempli si la base de l'indemnité restait soumise à des opérations éventuelles dont il serait impossible de prévoir les résultats.

On avait pensé que les matrices de la contribution foncière existantes, à l'époque des ventes, pourraient fournir des indications suffisantes. Nous y avons recouru, et il nous a été démontré qu'il fallait encore renoncer à cette voie. Les états de section, les matrices de rôles, et les rôles de 1793, n'existaient plus dans une grande partie des départemens. Le renouvellement de ces états ayant été opéré en 1797, en 1801, en 1802, et depuis, les matrices primitives ont été considérées comme inutiles, et n'ont pas été conservées. Au surplus, leur incroyable inexactitude, que tout le monde connaît depuis long-temps, ne permet guère d'en regretter la perte.

Il a donc fallu recourir à d'autres moyens, chercher dans les actes qui étaient en notre pouvoir des documens positifs qui fussent de nature à écarter toute possibilité d'arbitraire, et qui offrissent toutes les garanties que peut comporter cette difficile opération.

Les ventes des biens d'émigrés ont commencé en 1793; elles ont continué pendant près de 10 ans. Elles ont été faites contre des assignats, contre des mandats, contre des bons de remboursement des 2/3, contre des bons du tiers consolidé, contre du numéraire. La valeur représentative des propriétés vendues a donc subi toutes les chances et les variations qui se rattachent aux époques, aux localités et à la valeur des monnaies diverses reçues en paiement.

Les aliénations ont été opérées en vertu de lois différentes et nombreuses qui ont prescrit des formes diverses plus ou moins favorables à l'évaluation des prix.

Vous concevrez aisément, Messieurs, combien il était difficile de saisir, au milieu de tant d'incertitudes et d'embarras, une base satisfaisante à laquelle on pût s'arrêter avec quelque sécurité.

Celle qui se présentait avec le plus d'avantage était incontestablement le revenu de 1790 régulièrement constaté. Évalué en numéraire, d'après des documens alors réunis et à peu près certains, le revenu de 1790 offrait un point de départ d'où l'on pouvait arriver à la vérité.

Cette base se retrouve dans les ventes faites depuis la loi du 12 prairial an 3. Toutes les lois postérieures à cette époque, prescrivent l'indication dans les procès-verbaux du revenu en numéraire, valeur de 1790.

L'élément principal de cette fixation était pris dans les baux à ferme. On faisait entrer dans la composition du prix tout ce que le fermier était tenu de payer, ou de faire : les impositions, les charrois, les corvées. On y comprenait même les dîmes, les droits féodaux et toutes les autres charges imposées par le bail au fermier, et dont la suppression récemment ordonnée, devait tourner au profit du propriétaire.

A défaut de baux seulement, on recourait au rôle de la contribution de 1793, qui était alors en vigueur ; enfin, pour les maisons et usines, des experts étaient chargés d'en faire l'estimation en capital et en revenu, valeur de 1790.

Telles étaient les bases prescrites par la loi du 28 ventose an 4, en vertu de laquelle a été faite la partie la plus considérable des ventes ; et par les lois postérieures. L'exécution de ces dispositions se retrouve dans tous les procès-verbaux faits depuis cette époque.

Ces lois ont varié suivant les monnaies et les circonstances, pour la formation du capital à l'aide de la multiplication du revenu. Les uns forment un capital de 75 fois le revenu, d'autres de 22 fois pour les immeubles ruraux et de 18 pour les maisons; on en trouve qui le portent à 16, d'autres à 10 et à 6; mais le point de départ est toujours demeuré le même, c'est le revenu de 1790; et ce point de départ offre un moyen facile de fixer la valeur numéraire des immeubles vendus.

Les ventes faites en exécution de ces lois sont au nombre de 81,455. Le revenu des fonds compris dans ces ventes, évalué dans les procès-verbaux, s'élève à 34,620,380 fr. 79 c. En multipliant ce revenu par 20, c'est-à-dire dans la proportion juste et ordinaire, on trouve une somme capitale de 692,407,605 fr. 80 c. Cette somme représente, avec autant d'exactitude qu'il est possible de l'espérer, la valeur des immeubles vendus. L'application de cette règle porte sur plus de la moitié, en somme, des ventes opérées; mais il a fallu recourir à d'autres voies pour les adjudications antérieures au 12 prairial an 3.

Les premières lois qui ordonnèrent la vente des biens des émigrés, n'avaient pas prescrit l'évaluation du revenu de 1790; elles n'avaient ordonné qu'une simple estimation des lots mis en vente.

Quelques procès-verbaux faits en exécution de ces lois contiennent bien l'indication des baux de 1790, comme élément de l'estimation de la propriété; mais ce sont là des exceptions qui ne pouvaient pas servir de règle.

L'administration des domaines a fait faire par ses agens des recherches de toute espèce, afin de déterminer, par d'autres documens que les procès-verbaux, les revenus de 1790. L'opération demandée a été faite; mais ceux qui y ont présidé dans les départemens ont fait connaître l'insuffisance des moyens qu'ils ont pu employer, et le peu de garantie qu'offraient les résultats.

On a alors cherché une base dans l'estimation qui avait précédé l'adjudication, en appliquant le tableau de dépréciation au montant de l'estimation, et au jour où elle a été faite; mais on s'est aisément convaincu du peu d'exactitude de ces opérations, et on a reconnu que le prix de l'adjudication déterminé par les enchères se rapprocherait davantage de la vérité.

Pour obtenir ce résultat, il fallait appliquer, non comme on l'a fait habituellement, le cours des jours où les paiemens successifs ont eu lieu, ce qui ne laissait au prix stipulé aucune valeur déterminée, mais celui du jour où l'adjudication a été faite. On a fait cette application à l'aide de l'échelle de dépréciation dressée à la trésorerie, et on est demeuré convaincu encore qu'elle ne donnait pas au produit une valeur approximative de celle de l'immeuble.

Un nouvel essai a été alors tenté, et celui-là était indiqué par les réflexions les plus justes et les plus naturelles.

Pendant la durée des assignats, rien n'a été plus mobile, plus varié, plus indécis, que le cours de cette monnaie. Soumis à l'action immédiate de la politique, tirant toute leur valeur du fanatisme de l'opinion ou de l'empire de la crainte, les assignats ont dû subir dans chaque localité l'influence des partis et des circonstances. On en a la preuve en jetant les yeux sur les tableaux de dépréciation rédigés dans les divers départemens, et en y voyant que, le même jour, les assignats sont cotés à 75 pour cent dans un département, et à 27 dans un autre.

La raison et la justice indiquaient qu'il fallait recourir à cette voie; que les résultats des adjudications devaient être en rapport nécessaire avec la valeur d'opinion donnée aux assignats dans le lieu où les adjudications ont été faites; que le prix devait avoir été plus ou moins élevé, suivant la dépréciation plus ou moins considérable du signe monétaire.

On a donc fait faire aux ventes antérieures à la loi du 12 prairial an 3, l'application du tableau des départemens où elles ont été consommées. Le résultat de cette opération, dans son ensemble, a donné plus du quart en sus de la somme produite par l'application de l'échelle de la trésorerie. Rapprochée ensuite du revenu de 1790 indiqué, mais seulement d'une manière approximative par les directeurs des domaines des départemens, il s'est trouvé que cette base donnait pour terme moyen entre dix-huit et dix-neuf fois le revenu.

Nous sommes dès-lors demeurés convaincus qu'au milieu des difficultés qui s'offrent ici de toutes parts, il convenait de s'arrêter à ce dernier parti, dont nous pouvons vous indiquer les résultats.

370,617 ventes ont été faites sous l'empire de ces premières lois. Le nombre en est beaucoup plus considérable que dans la principale catégorie, parce que les fonds vendus étaient alors beaucoup plus morcelés.

Le produit des adjudications déterminé par l'application de l'échelle de la trésorerie, offrait un capital de 469,306,630 fr. 99 cent.

Le même produit, réduit sur le tableau des départemens, présente une masse de 605,352,992 fr. 16 cent., c'est-à-dire 136,046,361 fr. 17 cent. de plus.

Le capital formé par la multiplication du revenu de 1790, tel qu'il avait pu être *approxima-tivement* déterminé, se serait élevé à environ 660 millions.

La différence n'est donc que d'environ 55 millions.

Tels sont les résultats de la mesure proposée pour la partie des ventes que n'a pas précédée l'indication du revenu de 1790.

Nous ne prétendons pas qu'elle soit sans inconvéniens, ni même que les inconvéniens qu'elle offre soient légers. Nous reconnaissons que cette égalité apparente que le terme moyen peut offrir, et qui se retrouve dans les masses, ne se retrouvera pas toujours dans les applications de détail; nous ne doutons pas, au contraire, que ces applications ne présentent souvent des inégalités multipliées et considérables.

Ce n'est qu'après avoir fait essayer tous les autres modes que la réflexion, l'expérience, les recherches ont pu indiquer, qu'on s'est déterminé à proposer au Roi celui que nous vous présentons.

Il importait essentiellement, et vous le reconnaîtrez avec nous, de trouver des bases positives, uniformes, dont l'emploi ne pût rien laisser à l'arbitraire et dont l'application se bornât à une opération matérielle. Le mode proposé offre cet avantage, et vous verrez tout-à-l'heure qu'il rend la liquidation de l'indemnité aussi simple dans son exécution que sûre et impartiale dans ses résultats.

Convaincus, comme vous le serez sans doute, Messieurs, de la nécessité d'une disposition absolue et générale, et des dangers sans nombre qu'offrirait la multiplicité des catégories et des exceptions, nous avons écarté presque toutes celles qui se sont présentées.

Une seule exception nous a paru devoir être faite pour ceux qui sont rentrés en possession de leurs biens, et vous concevrez aisément, Messieurs, sa justice et sa nécessité.

Ainsi, la loi du 9 floréal an 3 prescrivait à tout ascendant, dont un émigré se trouvait l'héritier présomptif, de faire, dans un délai déterminé, la déclaration de ses biens et de son passif. L'estimation et la liquidation opérées, on réglait le partage, et la part qu'aurait eue l'émigré était attribuée à l'Etat.

C'est ce qu'on appelait le partage de présuccession.

L'art. 20 autorisait l'ascendant à racheter, au prix de l'estimation, les portions de ses anciens biens réunies au domaine de l'Etat. Ces rachats ont dû être et ont été en effet assez fréquens.

Dans ce cas particulier, il est évident que la propriété n'a pas changé de maître, que la confiscation n'a coûté au propriétaire et à sa famille d'autre sacrifice que le montant de l'estimation payé pour le rachat de la portion confisquée, et que le remboursement de la valeur réelle de la somme payée est la seule indemnité qui doive être accordée.

Aussi nous proposons-nous de décider que dans ce cas l'indemnité sera égale au montant de l'estimation, et que, pour fixer la valeur réelle de la somme payée, l'échelle de dépréciation du département pour les assignats et le tableau des cours pour les autres effets publics, seront appliqués à chacune des sommes versées, à la date des versemens.

La même règle doit être suivie dans des situations pareilles.

Ainsi, il est arrivé souvent que les parens et les amis de l'émigré ont acheté des biens confisqués, pour lui ou pour sa famille, et que la propriété est ainsi revenue directement à ses anciens possesseurs.

Ce cas particulier est nécessairement compris dans l'exception que nous venons de rappeler. Lorsque l'ancien propriétaire ou ceux qui le représentent auront acquis de l'Etat les biens confisqués sur la tête du premier, l'indemnité sera composée d'un capital égal à la valeur réelle des sommes qui auront été payées à l'Etat.

Enfin, l'émigré ou ses héritiers ont quelquefois racheté leurs anciennes propriétés de ceux qui les avaient acquises.

Dans ce cas, l'indemnité doit être égale à la valeur réelle qu'ils justifieront avoir payée pour le rachat; mais elle ne pourra jamais excéder celle qui est déterminée par les dispositions générales de la loi.

Si la justification n'est pas faite, le prix du rachat sera présumé avoir été le remboursement des valeurs réelles versées par l'acquéreur originaire dans les caisses de l'Etat, et l'indemnité réglée sur cette base.

Telles sont les seules dispositions spéciales que nous a paru devoir contenir le projet de loi. Elles apporteront dans les résultats définitifs quelque réduction qu'il n'est pas possible d'évaluer encore.

Il faudra déduire du capital représentant la valeur des biens vendus, le montant des sommes payées à la décharge des émigrés, et dont la liquidation a été faite, d'abord par les administrations départementales, ensuite par le conseil-général de la liquidation, et enfin par l'administration des domaines. Il a été fait un relevé de ces divers paiemens.

On n'a pas compris dans ce relevé les secours donnés aux femmes et aux enfans des émigrés, les gages de leurs domestiques et les autres charges de la même nature, acquittées pour eux par les directoires de district. Ces paiemens s'élèvent à 77 millions, mais ils ont été prélevés sur le prix des meubles, sur les revenus des biens séquestrés, et comme l'indemnité ne se compose que du prix des immeubles vendus, on a cru juste de ne pas porter, en déduction des charges étrangères à la propriété et qui ont été prélevées sur d'autres produits.

On a joint seulement aux sommes liquidées par suite de la confiscation des propriétés foncières, les reliquats de décompte versés dans les mains des anciens propriétaires ou de leurs familles, depuis la loi du 5 décembre 1814.

Ces diverses déductions qui devront s'opérer sur le compte de chaque émigré pour les sommes payées à lui ou pour lui, s'élèvent à 309,940,645 f.

Dans l'état actuel des choses, voici donc ce que présentent les documens que nous avons sous les yeux.

Les biens dont le revenu a été évalué, et dont la valeur se trouve formée par la multiplication de ce revenu, s'élèvent à . . . . 692,407,615 80.

Ceux dont la valeur est déterminée par le prix d'adjudica -

D'autre part 692,4o7,6i5 8o

tion réduit sur l'échelle des départe- mens, repré- sentent une somme de. 6o5,352,992 16

La valeur totale s'élève

donc à 1,297,76o,6o7 96

La masse des déduc- tions indi- quée par le relevé du passif est portée à 3o9,94o,645

Le capital pour lequel l'indemnité doit être ac- cordée de- meure donc

fixé à 987,816,962 96

Ainsi que vous l'avez aisément pressentir, Mes- sieurs, il ne peut être question de payer un capi- tal aussi considérable aux familles dépossédées.

C'est un intérêt juste et modéré qui peut leur être alloué, et cet intérêt doit être demandé non aux impôts, mais au crédit, non par un emprunt qui enlèverait une partie des avantages, mais par une émission de rentes au profit de ceux à qui l'indemnité est dévolue.

Le projet de loi tend donc à créer en leur faveur des rentes nouvelles. Ces rentes représenteront un intérêt de 3 au capital de 100.

Dégagé des contributions et de toutes les charges diverses qui pèsent sur la propriété immobilière, un revenu de 3 pour 100 offre au propriétaire devenu rentier un dédommagement équitable; et ce n'est pas à ceux qui ont attendu si long-temps sans murmure et sans plainte, qu'il sera nécessaire de faire remarquer qu'il s'agit, pour le pays, de faire reconnaître près d'un milliard de capital, et de créer 30 millions de rente.

Il vous est donc proposé, Messieurs, d'autoriser l'émission de 30 millions de rente 3 p. 100.

Vous concevez aisément encore que cette émission ne peut être simultanément opérée. Trop de fortunes, trop d'élémens de prospérité, sont attachés au crédit, pour qu'il soit permis de le compromettre par des mesures précipitées et imprudentes. L'intérêt de tous, l'intérêt particulier de ceux à qui les dédommagemens vont être offerts,

commandent des précautions et des ménage-
mens.

C'est dans le crédit qu'ils trouveront l'accroissement naturel de leur propriété nouvelle. L'atteinte que ne manquerait pas d'y porter une
émission disproportionnée, ferait passer dans
leurs mains des valeurs affaiblies; et cette exécution empressée, loin de les servir, leur serait évi-
demment funeste.

Le projèt de loi divise par cinquième les rentes
dont il propose l'émission.

Les propriétaires dépossédés, ou leurs familles,
recevront chaque année, à partir du 22 juin
prochain, un cinquième du montant de l'indemnité liquidée en leur faveur. Les intérêts de chaque
cinquième courront du jour où l'inscription est
autorisée par la loi, de telle manière que les embarras et les retards de la liquidation ne pourront,
dans aucun cas, porter préjudice à ceux qui les
auront éprouvés. Ils n'en auront pas moins un
droit égal aux intérêts successifs, qui augmente-
ront chaque année d'un cinquième jusqu'à l'inscription intégrale.

Telles sont les bases proposées pour l'évaluation de l'indemnité; tel est le mode qui a paru
juste, possible et convenable pour son paiement.
Un projet de loi particulière et purement financière, vous fera connaître tout à l'heure les

moyens à l'aide desquels le Gouvernement croit pouvoir, dans l'intérêt commun, régler et assurer l'exécution de ces mesures.

Après avoir ainsi déterminé l'indemnité, le projet de loi qui nous occupe a dû indiquer ceux qui sont appelés à la recueillir, et tracer les règles à suivre pour la liquidation.

Les premiers, dont il reconnaît les droits, sont les anciens propriétaires; et sur ce point, il ne saurait y avoir de difficulté.

A leur défaut, il admet les héritiers en ligne directe ou collatérale, suivant l'ordre de successibilité, qui seraient appelés à représenter l'émigré à l'époque de la promulgation de la loi.

Le principe de la loi actuelle, l'esprit dans lequel elle est conçue, ne laissent aucun doute sur la nature de l'indemnité allouée. Elle est la représentation de l'immeuble confisqué; elle est le remboursement d'une valeur injustement perçue. Sa cause se rattache donc à la propriété, et le droit qu'elle consacre aujourd'hui, a sa source dans la confiscation consommée depuis trente années.

L'indemnité semblerait dès-lors pouvoir être considérée comme ayant toujours fait partie des biens ou des actions possédés par l'ancien propriétaire, et de là on pourrait conclure d'une part, qu'elle aurait pu être comprise dans une disposition testamentaire ; de l'autre, que son application devrait être faite à ceux des héritiers qui auraient été appelés par les lois existantes à l'époque où la succession s'est ouverte.

Les plus puissantes considérations nous ont paru s'élever contre l'admission de cette conséquence.

Le droit reconnu et consacré par la loi actuelle n'a formé long-temps qu'une espérance légitime, qu'une expectative juste et naturelle, mais qui, aux yeux de la loi civile existante, n'était pas de nature à être comprise dans la disposition de l'homme et ne peut être présumée y avoir été comprise.

D'un autre côté, en faisant remonter l'application de la loi actuelle à l'ouverture des successions respectives des anciens propriétaires, nous manquerions le but que nous devons chercher à atteindre.

C'est en faveur des enfans, et à leur défaut, des parens les plus proches, c'est en faveur de ceux qui représentent *de plus près* l'homme dépossédé, que les remises de confiscations ont toujours été prononcées, à quelque titre qu'elles fussent faites, soit de don, soit de restitution, soit de désistement.

C'est aussi aux familles dépouillées, aux familles que la révolution a frappées, que vous destinerez l'indemnité que le projet de loi prépare.

Si vous faites rétroagir son application, vous trouvez dans un intervalle de trente années trois législations différentes, sous l'empire desquelles la succession devra être divisée, et ensuite subdivisée toutes les fois qu'elle aura été ouverte à plus d'un degré.

Ainsi vous n'appelleriez pas les parens les plus proches, ceux qui forment réellement la famille, ceux à qui vous destinez le dédommagement, mais les représentans des héritiers, lesquels seraient souvent aujourd'hui étrangers à l'ancien propriétaire.

Ce n'est point ainsi qu'a été comprise et exécutée la loi du 5 décembre 1814. Son article 2 portait que les biens non vendus seraient rendus en nature à ceux qui en étaient propriétaires, ou à *leurs héritiers ou ayant-cause*. La loi ne contenait aucune autre indication.

Des difficultés se sont élevées entre les héritiers et les légataires, et la jurisprudence de la Cour de Cassation s'est prononcée en faveur des premiers.

Mais l'application a été constamment faite par la commission instituée pour l'exécution de la loi, aux héritiers actuels, à ceux qui représentaient l'ancien propriétaire à l'époque du 5 décembre 1814, et aucune réclamation ne s'est élevée à ce sujet.

Ce qui a été fait pour les remises des biens en nature, nous a paru devoir être fait encore pour l'indemnité représentative des biens vendus, non à cause du principe qui a pu déterminer cette exécution, mais à cause de l'exécution elle-même; il ne nous a pas semblé possible d'admettre que le partage des biens provenant du même individu pût être réglé par deux lois opposées, et opéré entre des héritiers différens.

Tels sont en substance les motifs qui ont déterminé la disposition que contient le projet de loi, disposition importante, dont l'examen appellera votre attention toute entière.

Après avoir ainsi établi les conditions de l'admission, la loi doit régler le mode à suivre pour parvenir à la liquidation. La marche sera simple et facile.

Les anciens propriétaires ou leurs héritiers se pourvoieront devant le préfet du département où sont situés les biens-fonds vendus. Ils joindront à leur demande les titres et les actes propres à établir leur qualité et les droits que cette qualité leur donne.

Le préfet transmettra la demande au directeur des domaines. Celui-ci dressera les bordereaux d'indemnité conformément aux dispositions que nous avons déjà fait connaître.

Ces bordereaux contiendront le nom de l'ancien propriétaire, la désignation des biens vendus et la date des ventes ; ils contiendront ensuite l'indication du montant de l'indemnité déterminée par les art. 2, 3 et 4 de la loi, selon la classe à laquelle appartiendront les biens désignés.

Ces opérations n'auront rien d'embarrassant ni de difficile ; elles reposent toutes sur des actes authentiques et sur des calculs positifs ; elles ne peuvent, dans aucun cas, prêter à l'arbitraire ou à la partialité.

Le préfet transmettra les pièces et le bordereau au ministre des finances ; il y joindra son avis tant sur les droits et qualités des réclamans, que sur les énonciations des bordereaux.

Le ministre des finances fera vérifier le montant des soultes, des dettes, des compensations, des reliquats de décompte, dont se compose le passif de chaque émigré, et il en fera dresser l'état.

Le bordereau et l'état seront transmis à une commission chargée d'en apprécier l'exactitude et la régularité.

Nous avons pensé qu'il convenait que cette commission fût composée d'hommes qui, par leur position sociale, leurs lumières, la nature de leurs travaux habituels, offrissent la plus rassurante garantie de justice et de capacité. Le projet de loi y appelle des ministres-d'état, des conseillers-d'état, des maîtres de la cour des comptes, et enfin des maîtres des requêtes, pour y remplir les fonctions de rapporteurs.

Vous jugerez aisément, Messieurs, du degré de confiance que méritera une semblable réunion.

Son premier d evoir sera de s'assurer des droits et des qualités des réclamans.

Si elle pense que leurs titres sont insuffisans, que leur justification est irrégulière, ou si en sa présence il s'élève des contestations entre eux sur leurs droits respectifs, elle s'abstiendra de statuer. Comme alors il s'agira de prononcer sur des questions d'état et de qualité, ou de faire reconnaître des droits dont l'examen n'appartient qu'à l'autorité judiciaire, elle renverra les réclamans à se pourvoir devant les tribunaux.

Les tribunaux statueront après avoir entendu le magistrat qui remplit auprès d'eux les fonctions du ministère public.

Quand la justification des qualités aura été reconnue suffisante, ou quand il y aura été statué par les tribunaux, la commission ordonnera la communication aux intéressés des bordereaux dressés dans les départemens, et de l'état des déductions opérées par le ministre des finances; elle recevra les mémoires et observations, et procé-

dera ensuite à la liquidation définitive, conformément aux bases déterminées par la loi.

Cette opération terminée, elle donnera avis de
sa décision aux ayant-droit, et elle la transmettra
au ministre des finances, qui devra faire opérer
l'inscription de rente dans les délais qui ont été
prescrits.

Avec des bases certaines et les facilités d'une
application purement matérielle, les précautions
qui viennent d'être indiquées paraîtraient sans
doute suffisantes pour offrir une entière sécurité.

Cependant le projet de loi prévoit encore la
possibilité d'une erreur, et, dans ce cas, il ouvre,
et aux réclamans et au ministre des finances, dé-
fenseur naturel des intérêts du Trésor, la voie
du recours devant le Roi en son conseil d'état.

Telle est, Messieurs, la marche tracée pour
parvenir à la liquidation des indemnités. Nous
avons espéré qu'elle vous paraîtrait convenable
et satisfaisante.

Nous avons parlé jusqu'à présent des confiscations immobiliaires, en les rattachant uniquement
à l'émigration. Les émigrés ne sont cependant
pas les seuls sur lesquels se soit appesantie cette
funeste mesure, et les ventes dont les résultats
vous sont déjà connus comprennent deux autres
classes dont il importe de vous entretenir en peu
de mots.

Indépendamment de ses bannis qui nous ont occupés, la révolution a eu aussi ses déportés; les déportés ont vu également leurs biens vendus et leurs familles dépouillées et ruinées. Il est presqu'inutile de dire que les dispositions que nous venons d'indiquer leur sont applicables et doivent leur être communes.

Ce n'est pas tout; d'autres familles dont la ruine se rattache à des souvenirs plus douloureux encore, partageront aussi avec les premières les effets de votre justice.

Pendant la durée des fureurs révolutionnaires, la confiscation a toujours suivi et presque toujours expliqué la mort : personne n'a oublié cette *monnaie sanglante* que la révolution s'applaudissait de frapper sur nos places publiques.

Les biens des condamnés furent aussi confisqués et mis en vente.

Cependant, ceux qui avaient dépouillé les victimes ne tardèrent pas à reculer devant leur propre ouvrage.

Des lois du 13 ventose et du 21 prairial an 3 abolirent les confiscations prononcées contre les condamnés ; elles ordonnèrent la restitution des biens non vendus, et pour tenir lieu aux familles des propriétés dont la vente était déjà consommée, elles leur accordèrent en remboursement du prix *des bons au porteur*, admissibles seulement en paiement de biens d'émigrés. Ces *bons* ont pu être depuis compris dans la liquidation de la dette publique, et à défaut de liquidation, ils ont été frappés de déchéance.

En considérant les héritiers des condamnés comme de simples créanciers de l'Etat, il est certain que leurs réclamations pourraient être écartées; un sentiment impérieux nous a avertis qu'une pareille rigueur serait une véritable injustice, et la voix de la raison a confirmé en nous le cri du cœur et de la conscience.

Nous avons pensé que ce dédommagement illusoire laissait subsister la confiscation avec toute sa cruauté et toutes ses conséquences, et que c'était à le mal auquel nous devions apporter un remède. Nous avons jugé qu'il était impossible d'opposer une réparation de ce genre aux enfans des vicimes, et de déclarer que les plus malheureux étaient les seuls pour lesquels le jour de la justice ne devait apporter aucune consolation.

Le projet de loi comprend donc les familles des condamnés, celles des déportés, dans la mesure éparatrice. Seulement, il a paru juste de déduire de l'indemnité qui doit leur être appliquée, la valeur réelle des *bons au porteur* qu'ils peuvent voir reçus. Cette valeur sera déterminée par le cours du jour où la remise leur en a été faite. Ainsi, la loi actuelle, sévère dans son équité, ne leur accordera que le supplément nécessaire pour les placer dans une situation semblable à celle des autres propriétaires dépossédés.

Après nous être occupés des diverses classes de propriétaires, il a été de notre devoir de porter aussi notre attention sur le sort de quelques propriétés particulieres.

Tous les biens confisqués au préjudice des émigrés n'ont pas été vendus par l'État. Il en est quelques-uns dont il a disposé en faveur des hospices et autres établissemens de bienfaisance.

Les lois de la révolution avaient dépouillé les hospices de leurs biens et de leurs revenus. Celle du 16 vendémiaire an 5 leur rendit ceux qui n'avaient pas été aliénés, et ordonna que les autres seraient remplacés par des domaines nationaux du même produit.

En vertu de cette loi, des biens furent définitivement concédés aux hospices sur une estimation préalable ; d'autres leur furent affectés par des dispositions provisoires.

La loi du 5 décembre 1814 s'occupa de ces propriétés ; elle déclara excepter de la remise les biens dont il avait été *définitivement* disposé ; elle a outa en ce qui touchait les biens qui n'auraient été que *provisoirement* affectés aux hospices, que la remise pourrait en être faite lorsque ces établissemens auraient reçu un accroissement de dotation égal à la valeur de ces biens.

Tel est l'état de la législation à ce sujet. La distinction faite par la loi du 5 décembre 1814 prescrivait clairement la mesure qu'il convenait d'adopter aujourd'hui.

Nous vous proposons de déclarer que les anciens propriétaires des biens donnés en remplacement aux hospices auront droit à l'indemnité. Ici la base était facile à trouver, puisque la concession a été précédée d'une estimation, et que cette estimation a été faite en numéraire.

Quant aux biens qui n'ont été que *provisoirement* affectés aux hospices, le projet de loi porte que les anciens propriétaires pourront en demander la remise, en offrant de transmettre à l'hospice détenteur l'inscription de rente 3 p. 0/0 égale au montant de l'estimation qui lui aura été accordée à titre d'indemnité.

Tous les intérêts se trouvent ainsi garantis.

Les hospices ont reçu les biens provisoirement cédés, pour une valeur égale au prix d'estimation. En leur offrant ce prix, on ne leur porte aucun préjudice, et la loi pourvoit à tout en ordonnant que la remise des biens ne sera opérée que lorsque la rente aura été inscrite en entier en faveur de l'ancien propriétaire.

C'est ainsi, Messieurs, que le projet de loi a

pourvu par des dispositions spéciales à tout ce qui n'était pas prévu par le droit commun, et que sa sollicitude s'est étendue aux diverses classes de propriétaires et aux différentes catégories où se trouvent rangées les propriétés.

Un autre objet également important et digne d'intérêt a appelé aussi notre attention, et mérite toute la vôtre.

Vous connaissez, Messieurs, la situation des émigrés relativement à ceux de leurs créanciers, dont les titres remontent à une époque antérieure aux confiscations.

Vous savez que les biens confisqués furent déclarés affranchis de toutes charges et vendus libres d'hypothèque, et que les créanciers dont ces biens étaient le gage, furent déclarés créanciers de l'Etat.

Parmi ces créanciers, il en est un grand nombre dont les titres ont été liquidés, et qui ont été admis à les faire recevoir en paiement de biens nationaux ou à les convertir en inscriptions sur le grand-livre de la dette publique.

D'autres, au contraire, ont été frappés de déchéance, faute d'avoir fait dans les délais prescrits les justifications ordonnées.

Au retour des émigrés, les créanciers non liquidés ont dirigé contre eux des poursuites, soit sur les biens qui leur étaient rendus, soit sur leurs autres propriétés.

La loi du 5 décembre 1814 prononça un sursis d'une année à toutes actions de la part des créanciers sur les biens dont elle ordonnait la remise, en les autorisant néanmoins à faire tous les actes conservatoires.

Le droit qu'ont aujourd'hui les créanciers non payés par l'État de poursuivre leur paiement sur les biens possédés par leurs débiteurs, résulte des principes généraux de la législation intermédiaire et de la disposition même de la loi du 5 décembre 1814; mais l'exercice de ce droit nous semble pouvoir être restreint dans de justes bornes, en ce qui touche l'indemnité qui fait l'objet de la loi actuelle.

La confiscation remonte à plus de trente années; pendant ce temps, l'État a joui des fruits de l'immeuble ou des intérêts du prix. Il ne rend aujourd'hui qu'une valeur approximative du principal et il retient tous les revenus. En augmentant les ressources du débiteur et en offrant ainsi au créancier des garanties nouvelles, le pouvoir législatif peut et doit prendre en considération leur position respective.

Nous croyons que c'est être équitable envers tous les deux que de n'admettre l'opposition à la délivrance de l'indemnité de la part des créanciers antérieurs à la confiscation, qu'à concurrence du capital seulement, et sans intérêts pour le passé.

Remarquez bien, Messieurs, que le projet de loi n'entend faire porter cette restriction que sur l'indemnité. Elle ne porte aucune atteinte aux droits qui peuvent résulter en faveur des créanciers, des titres dont ils sont nantis, ni aux actions qui peuvent leur appartenir sur les autres biens dans l'état actuel de notre législation.

Elle règle seulement, dans un esprit d'équité qui doit présider à toutes les dispositions d'une loi de réparation et de conciliation, la part réservée au créancier qui fut privé de son gage, sur l'indemnité accordée au propriétaire qui fut dépouillé de son bien.

Il nous semble qu'il y a dans la disposition proposée quelque chose d'équitable qui doit satisfaire la conscience, en maintenant les principes.

Il ne nous reste plus à vous entretenir que d'une dernière disposition dont vous apprécierez la convenance.

Il importe que la France connaisse dans un délai déterminé l'étendue précise, certaine et positive du sacrifice qu'elle se sera imposé ; il ne serait ni juste ni politique qu'elle demeurât exposée à des réclamations sans terme.

Nous avons donc pensé qu'il convenait de fixer un délai après lequel les réclamations ne seraient plus admises. Ce délai doit être combiné de manière à laisser aux intéressés toute la latitude né-

essaire pour connaître la loi, rechercher leurs
tres et préparer leurs réclamations.

Nous vous proposons d'accorder un an à ceux
ui habitent le royaume, dix-huit mois à ceux qui
e trouvent dans les autres états de l'Europe, et
eux ans à ceux qui habitent hors d'Europe.

La loi détermine en conséquence le mode d'a-
rès lequel la date des réclamations sera constatée.

Tel est, Messieurs, dans son ensemble et dans
es détails, le projet de loi que nous venons soumettre à votre examen et dont nous vous deman-
ons l'adoption.

Simple dans son principe comme la justice et
a vérité, le grand ouvrage auquel vous êtes ap-
elés à concourir offrait dans son exécution des
ifficultés réelles que nous n'avons pas cherché à
ous dissimuler.

Le Roi compte, Messieurs, pour les aplanir,
ur le concours de vos lumières et de votre pa-
riotisme. Un acte de justice destiné à réparer de
rands maux, une œuvre de paix et de concilia-
ion propre à effacer les traces de nos divisions
ntestines, doit trouver en vous des appuis.

C'est le dernier vœu du monarque législateur
ont la France chérit et vénère la mémoire.

C'est, vous l'avez dit, un legs pieux dont il a
hargé son héritier, et que le Roi vous propose de
reconnaître et d'acquitter avec lui.

PROJET DE LOI

*Sur l'indemnité à allouer aux anciens proprié-
taires de biens-fonds confisqués et vendus au
profit de l'Etat en exécution des lois sur les
émigrés.*

CHARLES, PAR LA GRACE DE DIEU, ROI DE
FRANCE ET DE NAVARRE,

A tous ceux qui ces présentes verront, salut.

Le projet de loi dont la teneur suit sera présenté
en notre nom à la Chambre des Députés des départemens, par notre ministre secrétaire-d'état
des finances et par les sieurs comte de Vaublanc et
de Martignac, ministres-d'état, que nous chargeons
d'en exposer les motifs et d'en soutenir la discussion.

TITRE PREMIER.

De l'allocation et de la nature de l'indemnité.

Art. 1er. Il est alloué une indemnité aux Français anciens propriétaires des biens-fonds situés en
France, confisqués et vendus au profit de l'Etat,
en exécution des lois sur les émigrés.

2. Pour les biens fonds-vendus, en exécution

des lois qui ordonnaient la recherche et l'indication préalable du revenu de 1790, ou du revenu, valeur de 1790, l'indemnité consistera en une inscription de rente trois pour cent sur le grand-livre de la dette publique égale à vingt fois le revenu, tel qu'il a été constaté par les procès-verbaux d'expertise ou d'adjudication.

Pour les biens-fonds dont la vente a été faite en vertu des lois antérieures au 12 prairial an 3, qui ne prescrivait qu'une simple estimation préalable, l'indemnité se composera d'une inscription de rente trois pour cent, sur le grand-livre de la dette publique, égale au prix de vente réduit en numéraire au jour de l'adjudication, d'après le tableau de dépréciation des assignats, dressé en exécution de la loi du 5 messidor an 5, dans le département où était située la propriété vendue.

3. Lorsqu'en exécution de l'art. 20 de la loi du 9 floréal an 3, les ascendans d'émigrés auront acquis au prix de l'estimation déclarée, les portions de leurs biens attribuées à l'Etat par le partage de présuccession, le montant de l'indemnité sera égal à la valeur réelle des sommes qui auront été payées. En conséquence, l'échelle de dépréciation des départemens pour les assignats et les mandats, et le tableau du cours pour les autres effets reçus en paiement, seront appliqués à chacune des sommes versées, à la date du versement.

4. Lorsque les anciens propriétaires ou bien leurs ayant-droits seront rentrés en possession des biens confisqués sur leur tête, en les acquérant de l'Etat, l'indemnité sera réglée sur la valeur réelle qu'ils auront payée, et conformément aux règles établies par l'article 3.

Lorsqu'ils les auront rachetés à des tiers, l'indemnité sera égale aux valeurs réelles qu'ils justifieront avoir payées, sans que, dans aucun cas, elles puissent excéder celle qui est déterminée par l'article 2. A défaut de justification, les ayant-droits recevront une somme égale aux valeurs réelles formant le prix payé à l'Etat.

5. Les rentes trois pour cent, accordées à titre d'indemnité, seront portées au grand-livre de la dette publique et délivrées à chacun des anciens propriétaires ou à ses représentans, par cinquième de la somme allouée et d'année en année, le premier cinquième devant être inscrit le 22 juin 1825.

L'inscription de chaque cinquième portera jouissance des intérêts du jour auquel elle aura dû être faite, à quelque époque que la liquidation ait été terminée et la délivrance opérée.

6. Pour l'exécution des dispositions ci-dessus, il est ouvert au ministre des finances un crédit de *trente millions* de rentes trois pour cent qui seront inscrits savoir :

Six millions le 22 juin 1825,
Six millions le 22 juin 1826,
Six millions le 22 juin 1827,
Six millions le 22 juin 1828,
et Six millions le 22 juin 1829,
avec jouissance pour les rentes inscrites du jour où leur inscription est autorisée.

TITRE II.

De l'admission à l'indemnité et de sa liquidation.

7. Seront admis à réclamer l'indemnité, l'ancien propriétaire et à son défaut l'héritier en ligne directe ou collatérale au degré successible qui seraient appelés à le représenter à l'époque de la promulgation de la présente loi.

8. Pour obtenir l'indemnité, les anciens propriétaires ou leurs représentans se pourvoiront devant le préfet du département où sont situés les biens-fonds vendus. Le préfet transmettra la demande au directeur des domaines du département, qui dressera le bordereau d'indemnité conformément aux dispositions précédentes.

Le bordereau sera adressé par le préfet au ministre des finances, avec les pièces produites à l'appui de la demande. Il y joindra son avis motivé, qui portera tant sur les droits et qualités des réclamans que sur les énonciations du bordereau.

9. Le ministre des finances vérifiera : 1° s'il n'a pas été payé de soultes ou de dettes à la décharge du propriétaire dépossédé ; 2°. s'il ne lui a pas été compté, en exécution de la loi du 5 décembre 1814, des sommes provenant de reliquats de décompte de la vente de ses biens ; 3° s'il ne s'est pas opéré de compensation pour les sommes dues par lui au même titre.

Il sera dressé un état des déductions à opérer.

10. Les bordereaux d'indemnité et l'état des déductions seront transmis par le ministre des finances à une commission de liquidation nommée par le Roi, et composée de quatre ministres-d'état, trois conseillers-d'état, trois conseillers-maîtres de la cour des comptes et six maîtres des requêtes faisant fonctions de rapporteurs.

11. La commission procédera d'abord à la reconnaissance des qualités et des droits des réclamans.

Dans le cas où elle jugerait la justification irrégulière ou insuffisante, elle les renverra devant les tribunaux pour faire statuer sur leur qualité, contradictoirement avec le procureur du Roi.

S'il s'élève entre les réclamans des contestations sur leurs droits respectifs, la commission les renverra également à se pourvoir devant les tribunaux pour faire prononcer sur leurs prétentions, le ministère public entendu.

12. Quand la justification des qualités aura été reconnue suffisante, ou quand il aura été statué par les tribunaux, la commission ordonnera qu'il sera donné copie aux ayant-droit des bordereaux dressés dans les départemens et de l'état des déductions proposées par le ministre des finances, et elle procédera à la liquidation, après avoir pris connaissance de leurs mémoires et observations.

13. La liquidation opérée, la commission donnera avis de sa décision aux ayant-droit et la transmettra au ministre des finances, qui fera opérer l'inscription de la rente pour le montant de l'indemnité liquidée dans les termes et délais qui ont été prescrits.

14. Les ayant-droit pourront se pourvoir contre la liquidation de la commission, devant le Roi, en son conseil-d'état, dans les formes et dans les délais fixés pour les affaires contentieuses.

La même faculté est réservée au ministre des finances.

TITRE III.

Des déportés et des condamnés.

15. Les dispositions précédentes seront applicables aux biens confisqués et vendus au préjudice des individus déportés ou condamnés révolutionnairement.

Sera déduit de l'indemnité le montant des *bons au porteur* donnés en remboursement aux déportés et aux familles des condamnés, en exécution des décrets des 21 prairial et 22 fructidor an 3, réduit en numéraire au cours du jour où la remise leur en a été faite.

TITRE IV.

Des biens affectés aux hospices et autres établissemens de bienfaisance.

16. Les anciens propriétaires des biens donnés aux hospices et autres établissemens de bienfaisance, soit en remplacement de leurs biens aliénés, soit en paiement des sommes dues par l'Etat, auront droit à l'indemnité ci-dessus réglée. Cette indemnité sera égale au montant de l'estimation en numéraire faite avant la cession.

17. En ce qui concerne les biens qui n'ont été que *provisoirement* affectés aux hospices et autres établissemens, et qui, aux termes de la loi du 5 décembre 1814, doivent être restitués lorsque ces établissemens auront reçu un accroissement de dotation égal à la valeur de ces biens ; les anciens propriétaires ou leurs représentans pourront en demander la remise, en offrant de transmettre à l'hospice détenteur l'inscription de rente, trois

pour cent, égale au montant de l'estimation qui leur aura été accordée à titre d'indemnité.

La remise des biens ne sera opérée que lorsque la rente aura été inscrite en entier au profit de l'ancien propriétaire, conformémeut à l'article 5 de la p ésente loi.

TITRE V.

Des droits des créanciers relativement à l'indemnité.

18. Les oppositions formées à la délivrance de l'inscription de rente, par les créanciers des anciens propriétaires porteurs de titres antérieurs à la confiscation et non liquidés par l'Etat, n'auront d'effet que pour le capital de leurs créances.

TITRE VI,

Des délais pour l'admission.

16. Les réclamations tendantes à obtenir l'indemnité devront être formées, à peine de déchéance, dans les délais suivans, savoir :

Dans un an par les habitans du royaume ;

Dans dix-huit mois par ceux qui se trouvent dans les autres états de l'Europe.

— Dans deux ans par ceux qui se trouvent hors d'Europe.

Ces délais courent du jour de la promulgation de la présente loi.

20. Il sera ouvert dans chaque préfecture un registre spécial où seront inscrites, à leur date, les réclamations qui auront été adressées au préfet.

Il en sera délivré aux intéressés, en ce qui les concerne, un extrait régulièrement certifié.

Donné à Paris, en notre château des Tuileries, le 29 décembre de l'an de grâce 1824, et de notre règne le premier.

CHARLES.

Par le Roi :

Le ministre-secrétaire-d'état au département des finances.

JH. DE VILLÈLE.

DISCOURS

de M. le ministre des finances.

L'adoption du projet de loi que nous venons de vous soumettre autorise l'inscription de 3o millions de nouvelles rentes sur l'Etat, en imposant au Trésor le service annuel de ces rentes, à mesure qu'elles seront inscrites.

Trouver les moyens de supporter cet accroissement de la dette sans affecter le crédit et de pourvoir au paiement de ses intérêts sans accroître les impôts existans, et sans affaiblir la dotation nécessaire aux divers services publics : telle était la tâche qui nous était imposée par la nature de la dépense à laquelle il fallait pourvoir. Nous venons vous soumettre les mesures financières qui nous ont paru les plus propres à atteindre ce but.

Si nous eussions proposé de prendre à la Caisse d'amortissement les 30 millions de rentes qui doivent être émis, le crédit public se fût trouvé doublement affecté par l'émission de ces 30 millions, et par la diminution des 30 millions pris à l'amortissement. Le cours des rentes en circulation, et celui des rentes à émettre eût été assez considérablement affaibli pour rendre cette mesure injuste envers nos rentiers actuels, et ruineuse pour ceux à qui nous n'aurions donné une indemnité tardive que dans des valeurs dépréciées par le mode même que nous aurions choisi pour les solder.

L'intérêt de l'Etat ne serait pas plus ménagé par cette mesure que celui des particuliers, si la nécessité de subvenir à des besoins extraordinaires se présentait pendant les cinq années que doit durer l'émission des rentes de l'indemnité; nous serions dans l'alternative, ou d'accroître immodérément les impôts, ou de négocier à vil prix des effets dépréciés.

Une autre conséquence de l'adoption de cette combinaison financière serait d'affaiblir l'amortissement, précisément aux époques où des émissions

nouvelles de rente rendront sa force plus nécessaire, et de la réduire de 77 millions qu'il possède,
à 58 millions qui lui resteraient à la fin de l'émission, au moment même où nos rentes en circulation
auraient été accrues de la totalité des trente millions
créés pour l'indemnité.

Cependant, quel prêteur aurait pu dicter une
pareille mesure? Serait-ce celui des contribuables
qu'on aurait ainsi paru décharger de toute partici-
pation directe au paiement de l'indemnité?

Mais, on s'abuserait étrangement : les contribuables, comme les rentiers actuels, comme les
indemnisés, ont tout à gagner à la conservation du
crédit de l'État, tout à perdre à son avilissement ;
ils seraient appelés à payer les contributions extraordinaires que les circonstances extraordinaires
nécessiteraient, si la ressource du crédit nous était
enlevée; ils supporteraient la perte des emprunts
onéreux, si la dépréciation de nos rentes obligeait
à les négocier à bas prix.

Il nous a paru qu'en considérant ainsi sous ses
rapports vrais le moyen simple, mais destructeur
de nos ressources, que je viens d'examiner, il
était impossible de l'admettre.

Faire supporter aux fonds généraux de l'État la
totalité du service des intérêts des rentes que nous
devons créer, en laissant la Caisse d'amortissement
s'accroître par ses achats journaliers, et donner

ainsi à notre crédit un développement qui ne serait fondé que sur la disproportion de l'amortissement avec la dette, nous a paru un moyen qui devait aussi être écarté, comme sacrifiant trop, à un avenir éventuel et éloigné, l'intérêt présent et réel des contribuables.

Nous avons été conduits par ces considérations à une combinaison mixte, qui appellerait les fonds généraux au support d'une partie des intérêts à servir par suite de l'émission des nouvelles rentes, et laisserait à la Caisse d'amortissement la charge de pourvoir au service de l'autre partie de ces intérêts, et les moyens de racheter chaque année, pour les annuler, la moitié des rentes émises dans la même année pour le paiement de l'indemnité.

En parcourant les dispositions de la loi, j'espère rendre plus claires les conditions et les conséquences de cette combinaison, qui nous a paru mériter d'être préférée.

Par l'article 1.er du projet, nous proposons de renoncer, pour tout le temps que doit durer l'émission des rentes créées pour l'indemnité, c'est-à-dire jusqu'au 22 juin 1830, à la faculté réservée par la loi qui a fondé la Caisse d'amortissement, d'en distraire les rentes qui seront acquises par elle jusqu'au 22 juin 1825, époque prise pour l'émission du premier cinquième des rentes qui vont être créées.

(60)

Par cette mesure, on garantit à l'amortissement jusqu'à la fin de l'émission, toute la jouissance qu'il aura acquise au 22 juin prochain, c'est-à-dire une action annuelle de 77 millions 500,000 fr., force supérieure à celle qu'ait jamais eue notre amortissement, force suffisante pour entrer en lutte avec des emprunts nouveaux, si la nécessité nous y contraignait.

Par l'art. 2, nous proposons d'annuler au profit du Trésor toutes les rentes dont le rachat sera fait par la Caisse d'amortissement pendant la durée des paiemens de l'indemnité, c'est-à-dire du 22 juin prochain au 22 juin 1830.

Par cette combinaison, la Caisse d'amortissement conservera toute la force qu'elle aura acquise au 22 juin prochain, pour recueillir chaque jour la rente flottante sur la place; mais cette force, suffisante pour soutenir le crédit, ne sera point inutilement accrue par les rentes journellement rachetées : ces rentes, ainsi que les coupons d'intérêts qui en dépendront, seront annulés à la décharge de l'Etat, au fur et à mesure de leur rachat.

77 millions 500,000 fr., montant de l'amortissement tel qu'il sera conservé pendant toute la durée de l'émission des nouvelles rentes, suffiront pour racheter chaque année la moitié des 6 millions qui seront annuellement émis, et les coupons d'intérêts annulés par ces rachats suffiront pour

couvrir la moitié des intérêts des rentes provenant de l'émission.

Nous ne pensons pas, Messieurs, que ce soit exagérer les résultats heureux de l'indemnité, que de calculer que les taxes sur les transactions et les consommations en soient accrues d'une somme successivement égale à l'autre moitié des intérêts dont elle imposera le service successif au trésor.

Treize à quatorze cent millions de propriétés foncières, dégagées de la défaveur qui en avilit le prix, qui en suspend l'amélioration, qui en gêne les mutations, doivent accroître d'une manière notable le produit des droits sur les transactions des propriétés. Un milliard d'accroissement de fortune, ajouté aux débris sauvés du naufrage par les victimes de la confiscation, doit agir puissamment aussi sur l'aisance d'un grand nombre de consommateurs, et accroître ainsi le produit des droits qui appellent le trésor public à recueillir une partie des sommes dépensées par les particuliers pour leurs jouissances.

Si nous ne sommes pas abusés par les conséquences de l'indemnité, si nous apprécions avec exactitude son influence sur la sécurité, la prospérité et la richesse du pays, nous devons trouver, dans la combinaison financière que nous venons d'exposer, les moyens de satisfaire au paiement de l'indemnité par ses propres résultats, jointe à la suspension de l'accroissement du fonds d'amortissement pendant les cinq années prises pour opérer ce paiement.

Par l'art. 3 , nous proposons de déterminer qu'après l'écoulement des rentes créées pour le paiement des créances arriérées , dont le dernier terme doit être livré le 22 mars prochain, il sera interdit à la Caisse d'amortissement de racheter les fonds publics dont le cours serait supérieur au pair. La création d'un nouveau fonds , dont l'intérêt modéré doit long-temps encore maintenir le cours réel au-dessus de sa valeur nominale , commande, dans l'intérêt de l'État et du crédit, la mesure proposée par cet article ; l'absence de fonds publics au-dessous du pair , et l'existence d'un emprunt en voie d'exécution , ont seuls pu rendre tolérable jusqu'à présent l'achat par la Caisse d'amortissement de rentes au-dessus du pair, rentes que l'État cependant avait le droit de rembourser au pair.

Il était du devoir du Gouvernement de faire cesser le plus tôt possible un emploi aussi abusif du fonds de l'amortissement ; nous proposons que ce soit à partir du jour où le dernier terme de l'emprunt des 23 millions ayant été payé , et les dernières rentes provenant de cette négociation étant livrées , nul n'aurait le droit d'invoquer le moindre prétexte pour prétendre que la mesure adoplée est contraire aux engagemens pris par l'Etat envers lui.

Mais une lacune se présenterait entre l'époque durant laquelle l'amortissement pourra continuer à agir sur les fonds au-dessus du pair, et celle où les trois pour cent créés pour l'indemnité commenceront à être émis et pourront être rachetés par l'amortissement.

L'émission de ces nouveaux fonds devant d'ailleurs être graduée pour ne pas affecter le crédit, et ne pouvant avoir lieu qu'à mesure des liquidations, il serait à craindre que la masse de ces valeurs ne se trouvât pendant long-temps hors de proportion avec un amortissement destiné à en racheter chaque année une quantité égale à la moitié de l'émission.

Enfin, des fonds émis pour une opération spéciale quelconque seraient plus exposés que d'autres à l'action de l'agiotage; s'il a paru bon et utile de créer des rentes à divers titres et à diverses échéances, il ne l'est pas moins que les diverses origines de la dette publique soient effacées dans une confusion commune qui les fasse toutes jouir des mêmes avantages et subir les mêmes épreuves devant l'opinion.

L'art. 4 du projet est destiné à faire disparaître les inconvéniens que nous venons de signaler, et à préparer le passage à une meilleure distribution de nos fonds publics en diverses espèces de rentes réunissant les divers avantages que peuvent vouloir en retirer leurs possesseurs; cet article accorde à tous les propriétaires actuels des rentes 5 pour cent sur l'Etat, la faculté, à dater du jour de la promulgation de la loi jusqu'au 22 juin 1825, de requérir du Ministre des finances la conversion de ces rentes 5 pour cent en rentes 3 pour cent au taux de 75 fr. ; et à dater du même jour de la promulgation de la loi jusqu'au 22 septembre suivant, la faculté de requérir la conversion de leurs 5 pour cent, en 4 et demi pour cent, garantis du remboursement jusqu'au 22 septembre 1835. Les fonds ainsi convertis conserveraient les intérêts à 5 pour cent jusqu'à la fin de l'année courante; les produits de la conversion pour 1826 seraient appliqués à réduire d'un nombre correspondant de centimes additionnels les contributions foncière, personnelle, mobiliaire et de portes et fenêtres.

Au moyen de cette conversion facultative, nous espérons appeler sur le marché des fonds au-dessus du pair, durant les trois mois où l'action de l'amortissement serait suspendue, en attendant l'émission du premier cinquième des nouvelles rentes.

Nous croyons maintenir le cours des 5 pour cent au-dessus du pair, quoique ce cours les prive de participer à l'action journalière de l'amortissement, en ouvrant la voie des 3 pour cent aux porteurs des 5 pour cent qui préféreraient la condition des nouveaux fonds à celle des anciens.

Nous offrons d'ailleurs une troisième combinaison à ceux qui, ne voulant pas éprouver cette diminution d'intérêt, désireraient néanmoins se mettre à l'abri de la crainte du remboursement, en accordant pendant six mois aux propriétaires des 5 pour cent la faculté de les conserver en 4 et demi non remboursables pendant dix ans.

Enfin, nous croyons juste et convenable que les produits de la conversion soient directement et spécialement affectés au soulagement des contribuables. Rien ne sera plus propre à rendre incontestable cette vérité, qu'aucun autre motif que celui de l'intérêt général ne peut porter le Gouvernement à insister sur la réduction de l'intérêt de la dette publique, lorsque le droit et le pouvoir d'opérer cette réduction lui en imposent le devoir.

Il est aujourd'hui démontré que la crainte du remboursement s'oppose à l'élévation du cours du 5 pour cent au-dessus du pair; il n'est pas moins reconnu par tous ceux qui s'occupent de finances, que la dépression d'un des effets du Gouvernement nuit à tous les autres, et contrarie les développemens de son crédit. Il est donc de l'intérêt de la France de diminuer la masse des rentes,

5 pour cent, qui composent maintenant la totalité de sa dette.

On ne saurait profiter d'une meilleure circonstance que celle où des fonds nouveaux sont créés et ne peuvent encore être émis : on ne saurait trouver un moment plus favorable pour rendre cette conversion salutaire, que celui où un amortissement aussi puissant que le nôtre devant cesser, dans l'intérêt de l'Etat, d'agir inutilement pour eux, sur des fonds rendus au pair qu'ils ne peuvent dépasser, va porter toute la force de son action sur de nouveaux fonds ayant la faculté de s'accroître, et offrant au crédit public un nouveau champ à parcourir.

On ne peut nier que la mesure ne soit aussi douce et aussi propre à satisfaire tous les intérêts qu'aucune autre combinaison possible ; elle est facultative pour tous les porteurs de cinq pour cent, qui sans elle auraient peut-être regretté de voir cesser à leur égard l'action de l'amortissement, et se seraient regardés comme dépouillés en faveur des nouveaux fonds : si ces porteurs tiennent plus à conserver un intérêt élevé, qu'à l'accroissement du capital, qu'à la garantie contre le remboursement, ils resteront dans les cinq pour cent.

S'ils préfèrent l'augmentation du capital à l'élévation de l'intérêt, ils convertiront en trois pour cent.

Enfin, s'ils veulent se garantir pendant dix ans de toute crainte de remboursement, rentrer avec quelqu'espoir dans les chances d'accroissement de leur capital, et n'acheter ces avantages que d'une faible diminution des intérêts de leur rente ; ils prendront des quatre et demi pour cent qui leur présentent tous ces avantages.

L'article dernier consacre le mode d'après lequel les délais donnés pour opérer la conversion étant expirés, le Gouvernement , dans l'absence des chambres, devra procéder pour garantir dès 1826, aux contribuables, le dégrèvement du nombre de centimes additionnels sur les contributions directes, correspondant au soulagement éprouvé par le Trésor dans le service des intérêts de la dette.

Tel est, Messieurs, le plan financier au moyen duquel nous avons pensé que vous pourriez accomplir la grande mesure politique qui doit honorer à jamais cette session ; en consolidant, au lieu de l'atténuer, le puissant levier de force et de crédit que vous offre, dans son état actuel, la Caisse d'amortissement ; en rachetant , à mesure que vous les émettriez, la moitié des rentes créées pour l'indemnité ; en assurant à ces valeurs dans les mains de ceux qui auraient la confiance et la faculté de les conserver, une hausse assez probable pour atténuer la perte qu'ils éprouveraient, si elles fussent restées long-temps à un taux éloigné du prix no-

minal pour lequel elles leur seront données; en rendant de l'activité et du prix, par la faculté de les
convertir, à des valeurs parvenues à leur apogée,
n'offrant plus pour leurs propriétaires que des
chances de perte, et pour l'État qu'un obstacle in-
vincible au développement de son crédit; enfin en
conciliant avec tous ces avantages celui d'offrir
aux contribuables l'espoir fondé d'une diminution
dans la partie de leurs charges, la plus dure à supporter, parce que le paiement en est exigible à
époques fixes, sans égard aux circonstances et aux
événemens qui influent sur la possibilité de l'effec-
tuer.

La loi de réglement des comptes de 1823 vous
fournira les moyens de balancer par les recettes
effectuées toutes les dépenses de cette année de
guerre, qui doivent rester à la charge de la
France.

L'aperçu des dépenses et des recettes de l'année
1824 vous offrira la même balance.

Votre dette flottante ne se composera que des 6
millions de l'ancien passif des caisses, et des sommes
dues à la France par l'Espagne. Enfin, le budget
que nous aurons à vous soumettre pour l'année 1826
présentera un excédant de recettes sur les dépenses, de dix à quinze millions, dont la prudence
exigera que vous retardiez d'une année l'application au dégrèvement ou à l'accroissement des do-

tations des services publics, afin de ne rien commettre, et de garantir par une plus longue durée de l'accroissement de tous les produits indirects, la certitude que les contribuables peuvent être soulagés sans être exposés à la nécessité d'une réimposition.

Telle est, Messieurs, la situation financière de la France; tels sont ses moyens de crédit. Vous jugerez, Messieurs, si nous avons trop présumé de ses forces, en vous soumettant le plan que je viens de développer, et dont l'adoption du projet de loi que je vais avoir l'honneur de lire à la chambre autoriserait l'exécution.

PROJET DE LOI.

CHARLES, par la grace de Dieu, Roi de France et de Navarre,

Nous avons ordonné et ordonnons ce qui suit :

Le projet de loi dont la teneur suit sera présenté en notre nom à la chambre des députés par notre ministre secrétaire-d'état au département des finances, et par les sieurs baron de la Bouillerie et Cornet-Dincourt, conseillers-d'état, que nous chargeons d'en développer les motifs et d'en soutenir la discussion.

Art. 1er. Les rentes acquises par la Caisse d'amortissement, depuis son établissement jusqu'au

22 juin 1825, ne pourront être annulées ni distraites de leur affectation au rachat de la dette publique, avant le 20 juin 1830.

2. Les rentes qui seront acquises par la Caisse d'amortissement, à dater du 22 juin 1825, jusqu'au 22 juin 1830, seront rayées du grand-livre de la dette publique, au fur et à mesure de leur rachat, et annulées au profit de l'Etat, ainsi que les coupons d'intérêt qui y seront attachés au moment où elles seront acquises.

3. A dater du 22 mars 1825, les sommes affectées à l'amortissement ne pourront plus être employées au rachat des fonds publics dont le cours serait supérieur au pair.

4. Les propriétaires d'inscriptions de rentes 5 pour cent sur l'Etat, auront à dater du jour de la publication de la présente loi jusqu'au 22 juin 1825, la faculté d'en requérir du ministre des finances la conversion en inscriptions de rentes 3 pour cent au taux de 75 fr., et à dater du même jour de la publication de la loi jusqu'au 22 septembre 1825, la faculté de requérir cette conversion en 4 et demi pour cent au pair avec garantie contre le remboursement jusqu'au 22 septembre 1835.

Les rentes ainsi converties continueront à jouir des intérêts à 5 pour cent jusqu'au 22 décembre 1825.

5. Les sommes provenant de la diminution des

intérêts de la dette par suite des conversions autorisées par l'article précédent seront appliquées à
réduire dès l'année 1826, d'un nombre de centimes
additionnels correspondans les contributions foncière, personnelle, mobilière et des portes et fenêtres.

A cet effet, l'état du produit annuelle de la diminution de ces intérêts sera dressé par le ministre
des finances le 1er octobre 1825, et servira de base
aux dispositions de l'ordonnance royale qui réalisera sur les rôles de 1826 le dégrèvement accordé
par la présente loi.

Donné en notre château des Tuileries, le 2e jour
du mois de janvier de l'an de grâce 1825, et de
notre règne le premier.

CHARLES.

Par le Roi :

Le ministre secrétaire-d'état au département des finances,

Jh. DE VILLÈLE.

Paris, de l'Imprimerie d'A. EGRON, rue des Noyers, n° 57.